BEI GRIN MACHT SICH IHR WISSEN BEZAHLT

Bibliografische Information der Deutschen Nationalbibliothek:

Die Deutsche Bibliothek verzeichnet diese Publikation in der Deutschen National-bibliografie; detaillierte bibliografische Daten sind im Internet über http://dnb.d-nb.de/ abrufbar.

Impressum:

Copyright © 2020 GRIN Verlag
Druck und Bindung: Books on Demand GmbH, Norderstedt Germany
ISBN: 9783346142559

Dieses Buch bei GRIN:

https://www.grin.com/document/535579

Muzaffer Arkaç

Phototherapie-basierte Rückfallprävention der saisonal abhängigen Depression (SAD)

GRIN Verlag

GRIN - Your knowledge has value

Der GRIN Verlag publiziert seit 1998 wissenschaftliche Arbeiten von Studenten, Hochschullehrern und anderen Akademikern als eBook und gedrucktes Buch. Die Verlagswebsite www.grin.com ist die ideale Plattform zur Veröffentlichung von Hausarbeiten, Abschlussarbeiten, wissenschaftlichen Aufsätzen, Dissertationen und Fachbüchern.

Besuchen Sie uns im Internet:

http://www.grin.com/

http://www.facebook.com/grincom

http://www.twitter.com/grin_com

Name: Arkac
Vorname: Muzaffer
Gewähltes Thema: Modul 5, Thema 1: Prävention

**Phototherapie-basierte Rückfallprävention
der saisonal abhängigen Depression**

Hintergrund: *„Gott sprach: Es werde Licht. Und es ward Licht!"* Zwischen diesem Zitat aus der Schöpfungsgeschichte der Bibel und der Tertiärprävention der saisonal abhängigen Depression (SAD), die in der Umgangssprache auch als „Winterdepression" bezeichnet wird, gibt es gewisse Parallelen. Die SAD ist eine jahreszeitabhängig wiederkehrende Depressionsform, die am häufigsten im Herbst und Winter auftritt und mit einer ganz einfachen Methode behandelt werden kann, nämlich mit Licht. Die Remissionsrate auf eine zwei- bis vierwöchige Lichttherapie (Phototherapie) mit speziell angefertigten Lampen liegt bei 80%. Allerdings kommt es in den meisten Fällen zu einem Wiederaufflammen der depressiven Symptomatik nach Beendigung der Behandlung. Daher sollte die Phototherapie nicht nur kurativ appliziert werden, sondern über den ganzen Herbst und Winter präventiv fortgeführt werden, um das Risiko für Rückfälle zu senken. Dies scheitert jedoch oft schon allein an der Tatsache, dass phototherapeutische Präventionsmaßnahmen nicht zum Leistungskatalog der gesetzlichen Krankenversicherung (GKV) gehören. Die Kosten für Phototherapie-Lampen, die Betroffene zur präventiven Eigenbehandlung kaufen, werden von der GKV in der Regel nicht erstattet.

Ziel und Fragestellung: Diese Arbeit befasst sich mit der sozio- und gesundheitsökonomischen Relevanz der SAD-Rückfallprävention mit häuslicher Phototherapie und deren Umsetzbarkeit. Hierzu wird in einem ersten Schritt das Umsetzungspotenzial einer flächendeckenden häuslichen Phototherapie als rückfallpräventive Maßnahme gegen die SAD abgeschätzt und ein strukturierter Stufenplan für eine mögliche Implementierung erarbeitet. In einem zweiten Schritt wird unter Berücksichtigung der Kosten- und Nutzenaspekte eine Investitionskostenrechnung aus Sicht eines GKV-Kostenträgers aufgestellt. Zum Abschluss werden Chancen und Risiken einer solchen Investition diskutiert.

Methode: Es erfolgte eine selektive Literaturrecherche in den Datenbanken PubMed, Cochrane Library und mit Google Scholar.

Diskussion und Schlussfolgerung: Hohe direkte und indirekte Kosten, die durch die SAD hervorgerufen werden, weisen auf die sozio- und gesundheitsökonomische Relevanz der Erkrankung hin. Aus Sicht eines GKV-Kostenträgers betrachtet und nach Risiko- und Rentabilitätsgesichtspunkten bewertet scheint die flächendeckende Implementierung einer häuslichen Phototherapie bei SAD-Patienten nicht nur eine erfolgversprechende rückfallprophylaktische Maßnahme mit gutem Umsetzungspotential, sondern auch eine durchaus gewinnträchtige Investitionsmaßnahme darzustellen.

Schlüsselwörter: SAD; Lichttherapie; GKV; kurativ; präventiv

Inhaltsverzeichnis

1. Hintergrund

1.1 Begriffsbestimmung Prävention

Die durch den demographischen Wandel verursachte Kostenexplosion im deutschen Gesundheitswesen macht ein Umdenken in Richtung Vorbeugung unabdingbar[1]. Als erklärtes Ziel der Gesundheitspolitik gewinnt die Präventionsmedizin vor diesem Hintergrund zunehmend an Bedeutung[1]. Als Prävention bezeichnet man jede zielgerichtete Maßnahme, die eine Beeinträchtigung der Gesundheit verhindern oder verzögern kann. Prävention ist damit ein umfangreicher Oberbegriff, der zwischen Primär-, Sekundär- und Tertiärprävention unterscheidet[2].

Primärprävention setzt bei gesunden Menschen an und dient der Ursachenbekämpfung durch gesundheitliche Aufklärung und Screening der Bevölkerung[2].

Sekundärprävention zielt auf die Früherkennung von Erkrankungen in Risikogruppen ab. Sie umfasst alle zielführenden Prozesse zur Früherkennung von Erkrankungen und die Überweisung der Betroffenen in eine adäquate Behandlung[2].

Tertiärprävention hingegen dient der Verhinderung des Fortschreitens oder des Wiederauftretens bereits bestehender Erkrankungen. Ihr Ziel ist, die Langzeitfolgen von Erkrankungen möglichst gering zu halten, das Gesundheitsverhalten der Patienten zu fördern und damit auch die Rückfallquote zu minimieren[2].

1.2 Es werde Licht! Die GKV zahlt es aber (noch) nicht!

Diese Arbeit betrachtet die Tertiärprävention der saisonal abhängigen Depression (SAD). Man nennt die SAD umgangssprachlich auch Winterdepression[3]. In der Genese dieser Depressionsform spielt die verminderte Lichteinstrahlung in den dunklen Herbst- und Wintermonaten eine entscheidende Rolle[3]. Als Therapie der ersten Wahl hat sich die Lichttherapie (Phototherapie) aufgrund ihrer wissenschaftlich erwiesenen Effektivität etabliert[4]. Sie wird mit speziell angefertigten Geräten durchgeführt. Das bevorzugte Therapiegerät hierfür ist eine Lichtquelle, die weißes, fluoreszierendes Licht ohne ultravioletten Anteil ausstrahlt[4]. Die anfängliche Dosis beträgt 10.000 Lux für 30 Minuten pro Tag, die jeden Morgen appliziert wird[5]. Die Remissionsrate auf eine zwei- bis vierwöchige Heilbehandlung liegt bei 80%[6], wobei sich bei den meisten Patienten nach dem Absetzen der Therapie eine rasche Wiederkehr der depressiven Symptomatik zeigt[7]. Diese Vorhersehbarkeit der Erkrankung macht sie auch interessant für rückfallpräventive Maßnahmen. Experten empfehlen zwar, die Phototherapie über eine 2-4 wöchige Heilbehandlung hinaus während der gesamten Zeitperiode eines erhöhten Risikos für eine SAD, des ganzen Herbstes und Winters, fortzuführen[7], allerdings erweist sich die Umsetzbarkeit dieser Empfehlung in der realen Versorgung als äußerst problematisch. Nur ein geringer Prozentsatz der gesetzlichen Krankenkassen kommt für Leistungen im Bereich der Phototherapie auf[8]. Dabei handelt es sich ausschließlich um solche Leistungen, die vom Arzt im Sinne einer akuten Heilbehandlung erbracht werden. Die Kosten für Phototherapie-Lampen, die

Betroffene zur postkurativen Prävention kaufen, werden von der GKV in der Regel nicht erstattet[9].

2. Ziel der Arbeit

In dieser narrativen Übersichtsarbeit wird die medizinische und volkswirtschaftliche Relevanz der SAD-Rückfallprävention erörtert. Zudem wird versucht, die bisherige Haltung der GKV, die Phototherapie-basierte Rückfallprävention bei SAD-Patienten nicht zu finanzieren, einer gesundheitsökonomischen Plausibilitätsprüfung zu unterziehen. Hierzu wird in einem ersten Schritt das Umsetzungspotenzial einer flächendeckenden häuslichen Phototherapie als rückfallpräventive Maßnahme gegen die SAD abgeschätzt und ein strukturierter Stufenplan für eine mögliche Implementierung dieser postkurativen Leistung erarbeitet. In einem zweiten Schritt wird unter Berücksichtigung der Kosten- und Nutzenaspekte eine Investitionskostenrechnung aus Sicht eines GKV-Kostenträgers aufgestellt. Zum Abschluss werden Chancen und Risiken einer solchen Investition diskutiert.

3. Methode

Im Dezember 2019 wurde eine selektive Literaturrecherche in den Datenbanken PubMed, Cochrane Library und mit Google Scholar durchgeführt, indem folgende Suchtermini angewendet wurden: „Phototherapy" AND „SAD".

Anschließend wurde im Januar und Februar 2020 in den o.g. Datenbanken eine zweite selektive Literaturrecherche nach folgenden Suchtermini vorgenommen: „disease prevention" AND „health economics".

Zur Bestimmung, welche Publikationen in die Übersicht aufgenommen werden sollen, wurden die Arbeiten zunächst nach Titel und Abstract einer Vorauswahl unterzogen. Hierbei wurden nur deutsch- und englischsprachige Arbeiten berücksichtigt, die vom 01.01.1999 bis zum 01.02.2020 in den o.g. Datenbanken publiziert wurden. Zusätzlich wurden die Literaturverzeichnisse der relevanten Arbeiten auf weitere ergänzende Publikationen und Lehrbücher überprüft.

4. Ergebnisse
4.1 Abschätzung des Umsetzungspotenzials einer Phototherapie-basierten Rückfallprävention bei SAD-Patienten

Zur Ermittlung des Umsetzungspotenzials einer präventiven Strategie empfiehlt es sich, kritisch zu hinterfragen, ob die hierdurch vorzubeugende Krankheit eine angemessene Häufigkeit aufweist (Prävalenz) und von medizinischer bzw. volkswirtschaftlicher Relevanz ist (Krankheitsschwere, direkte und indirekte Kosten) [10]. Darüber hinaus sollte eruiert werden, ob die vorgesehene Strategie eine präventive Maßnahme ohne unvertretbare unerwünschte Wirkungen darstellt und ob sie eine akzeptable Kosten-Wirksamkeits-Relation aufweist[10]. Zu diesem Zweck sollen im Folgenden vier Leitfragen formuliert werden. Aus der bestehenden Evidenz sollen dann richtungsweisende Antworten auf diese Fragen abgeleitet werden.

4.1.1 Weist die SAD eine angemessene Häufigkeit auf bzw. besteht im Gesundheitsmarkt überhaupt Bedarf an einer SAD-Prävention?
Schätzungen zufolge sind 10% der Depressiven in Deutschland SAD-Patienten[11]. Somit gehört die SAD mit einer Lebenszeitprävalenz von 2,5% zu den häufigsten psychischen Erkrankungen in Deutschland[12]. Bei den ca. 73 Millionen gesetzlich Versicherten in Deutschland[13] würde dies beispielsweise 1,82 Millionen potenzielle SAD-Patienten bedeuten. Neben dieser hohen Prävalenz der SAD sind aber auch der individuelle Leidensdruck und die Folgen der kognitiven, körperlichen und sozialen Funktionseinschränkungen[3] ausschlaggebend für den bestehenden Bedarf an einer flächendeckenden SAD-Prävention. Je nach verwendetem Präferenzmaß liegt die Summe der in Deutschland pro Jahr aufgrund einer SAD verlorenen qualitätsadjustierten Lebensjahre (QALY) zwischen 14.488 und 40.337. Dies berechnet sich durch Multiplikation des gewichteten Mittelwertes der QALY-Verluste mit der Anzahl der bundesweit Erkrankten[14]. Die subjektive Gesundheit und die Leistungsfähigkeit der Betroffenen sind durch die SAD erheblich beeinträchtigt. Eine deutliche Abnahme der Arbeitsproduktivität sowie langfristige Arbeitsausfälle zählen somit zu den möglichen Folgen einer SAD[15]. Zudem ist die Wiedererkrankungsrate nach einer ersten Episode sehr hoch[7]. Erschwerend kommt hinzu, dass SAD-bedingte Einschränkungen und Behinderungen oft wesentlich länger als die eigentliche Depressionssymptomatik anhalten und die Rückfallrate zusätzlich erhöhen können[7].

4.1.2 Ist die SAD von gesundheitsökonomischer Relevanz?
Das seelische Leid, das die SAD-Patienten und ihre Angehörigen heimsucht, lässt sich sicher nicht in Währungseinheiten ausdrücken. Die psychischen, somatischen und sozialen Komplikationen, die die SAD hervorruft, sind niemals zu beziffern. Berechnen lässt sich allerdings, dass diese Krankheit die deutsche Volkswirtschaft erheblich belastet. Die Gesamtkosten der Depression (alle Formen) in Deutschland liegen bei etwa 22 Milliarden Euro[16]. Geht man davon aus, dass 10% dieser Kosten der SAD zuzuschreiben sind, zumal 10% aller depressiven Patienten an einer SAD leiden[11], lässt sich veranschlagen, dass diese Krankheit jährliche Gesamtkosten in Höhe von 2,2 Milliarden Euro verursacht.

Abb. 1
Durch Depressionen verursachte Kosten in Deutschland
(In Anlehnung an Stahmeyer et al. [17])

	Alle Depressionen	**SAD**
Direkte Krankheitskosten	5,2 Mrd. Euro pro Jahr	≈0,52 Mrd. Euro pro Jahr
Kosten durch Mortalität	1,3 Mrd. Euro pro Jahr	≈0,13 Mrd. Euro pro Jahr
Kosten durch Erwerbsunfähigkeit	4,6 Mrd. Euro pro Jahr	≈0,46 Mrd. Euro pro Jahr
Kosten durch Arbeitsunfähigkeit	1,6 Mrd. Euro pro Jahr	≈0,16 Mrd. Euro pro Jahr
Kosten durch Präsentismus	9,3 Mrd. Euro pro Jahr	≈0,93 Mrd. Euro pro Jahr
Summe	22,0 Mrd. Euro pro Jahr	≈2,2 Mrd. Euro pro Jahr

Wie unter Punkt 4.1.1 bereits erwähnt, geht die SAD häufig mit verminderter Leistungsfähigkeit und erhöhten Arbeitsunfähigkeitszeiten einher. Darüber hinaus tendieren Betroffene zu einer intensiven Nutzung des Gesundheitssystems und stellen aufgrund der hohen Rückfallrate eine Herausforderung für das Gesundheitswesen dar[3,14]. Somit ist die SAD mit stark erhöhten Kosten verbunden. Dies betrifft sowohl die direkten Kosten, also den Ressourcenverbrauch, der durch die Leistungsinanspruchnahme im Gesundheitssystem entsteht (d.h. die Inanspruchnahme von medizinischen Heilbehandlungen, Rehabilitations- und Pflegemaßnahmen), als auch die indirekten Kosten, die über den Ressourcenverlust im Sinne des Produktivitätsausfalls ermittelt werden. Die Anzahl der Arbeitsstunden, die ein an Depression erkrankter Mitarbeiter im Durchschnitt pro Tag weniger produktiv ist als ein gesunder Kollege, liegt bei ca. 1,8 Stunden[16,17].

Zur Messung der indirekten Kosten wird die Kennzahl der durch eine Erkrankung verlorenen Erwerbstätigkeitsjahre berechnet. Hier fließen, wie in Abbildung 1 ersichtlich ist, die Ausfälle durch Arbeitsunfähigkeit, Invalidität oder vorzeitigen Tod der erwerbstätigen Bevölkerung ein[16].

4.1.3 Weist die Phototherapie eine akzeptable Kosten-Wirksamkeits-Relation auf?

Um die Kosten-Wirksamkeits-Relation der Phototherapie abzuschätzen, sollte die Phototherapie mit einer alternativen rückfallpräventiven Maßnahme verglichen werden. Hierzu eignet sich am besten die Medikation mit Bupropion als einzigem Antidepressivum, das zur Vorbeugung der SAD zugelassen ist[18,19]. Problematisch ist aber, dass bisher keine Studien zum Kosten-Wirksamkeits-Vergleich beider Maßnahmen durchgeführt wurden[18,19]. Aus Sicht eines GKV-Kostenträgers bestünden in dem Fall zwei mögliche Vorgehensweisen, diese beiden Maßnahmen einander gegenüberzustellen. Die zeit- bzw. kostenintensivere Möglichkeit wäre, eine eigene Kosten-Wirksamkeits-Studie durchzuführen. Will man die Daten aber nicht selbst bei einer Patientenstichprobe erheben, könnte man auch die zweite Vorgehensweise präferieren und auf die bestehende Datenlage zurückgreifen, um hieraus wie folgt eine modellhafte Annahme zu generieren:

Die verfügbare Evidenz zeigt, dass die Rückfallrate bei SAD-Patienten mittels vorbeugender Behandlungsmaßnahmen um ca. 25% gesenkt werden kann[18,19], sodass die Fragestellung in der Kosten-Wirksamkeits-Analyse beispielsweise folgendermaßen lauten könnte: „Was kostet bei SAD-Patienten eine durchschnittliche Senkung der Rückfallrate um 25% unter Bupropion versus Phototherapie?"

Laut Arzneiverordnungs-Report sowie Kosten-Nutzen-Bewertungs-Report des IQWiG (Institut für Qualität und Wirtschaftlichkeit im Gesundheitswesen) beträgt der Preis der täglichen Bupropion-Dosis 96 Cent pro Patient[20,21].

Laut online verfügbaren Herstellerinformationen kostet eine Phototherapielampe mit dem Zeichen „CE" (Conseil de l'Europe), die den grundlegenden Anforderungen, Richtlinien und Schutzzielen in der Europäischen Union entspricht, durchschnittlich 100 Euro[22]. Geht man davon aus, dass eine Lampe jährlich 6 Monate lang (im Herbst und Winter) in

Anspruch genommen wird, kommt man auf insgesamt 180 Anwendungen pro Jahr und 360 Anwendungen in 2 Jahren. Stellt man eine pessimistische Gerätelebensdauerprognose, sodass die Lampe kurz nach Ablauf der vertraglichen Garantiezeit von 2 Jahren ihre Funktion verliert und der Käufer (in dem Fall die GKV) keine Garantieansprüche mehr stellen darf (Worst-Case-Szenario), bedeutet dies, dass sich die Behandlungskosten für einen Tag auf ca. 27,77 Cent belaufen (100 Euro : 360 = 0,2777 Euro).

Resümierend kann also in Anlehnung an das oben simulierte Worst-Case-Szenario postuliert werden, dass bei mit Phototherapie behandelten SAD-Patienten eine durchschnittliche Senkung der Rückfallrate um 25% allenfalls 27,77 Cent pro Patient und Tag kostet. Im Falle eines Normal-Case- bzw. Best-Case-Szenarios wären also deutlich niedrigere Phototherapie-Kosten zu erwarten als 27,77 Cent pro Patient und Tag, wohingegen 96 Cent pro Patient und Tag erforderlich sind, um bei den betroffenen Patienten einen gleichwertigen Effekt (Reduktion der Rückfallrate um 25%) durch die medikamentöse Prophylaxe mit dem Antidepressivum Bupropion zu erzielen, sodass die Phototherapie eine deutlich günstigere Kosten-Wirksamkeits-Relation aufzuweisen scheint als die Medikation mit Bupropion. Hierbei gilt es aber zu bedenken, dass zur Generierung dieser modellhaften Annahme in Ermangelung statistisch verwertbarer Daten eine erhebliche Komplexitätsreduktion erforderlich war, was einen beachtenswerten Limitationsfaktor darstellt.

4.1.4 Weist die Phototherapie eine akzeptable Nutzen-Risiko-Relation auf?

Zur Ermittlung der Nutzen-Risiko-Relation der Phototherapie sollte diese mit einer alternativen rückfallpräventiven Maßnahme verglichen werden. Auch hierzu eignet sich am besten die Medikation mit Bupropion.

Als nicht-medikamentöses Verfahren verursacht die Phototherapie kaum schwere Nebenwirkungen und daher existieren auch keine Kontraindikationen für die Phototherapie[23], während Bupropion ein ernstzunehmendes Nebenwirkungsprofil hat und aus diesem Grund bei Patienten mit folgenden Vorerkrankungen kontraindiziert ist[24,25]:

- epileptische Anfälle,
- unzureichend eingestellter Bluthochdruck,
- Tumoren des zentralen Nervensystems,
- Essstörungen (Bulimie oder Anorexia nervosa),
- Alkoholabhängigkeit mit Entzugssymptomen in Form von Krampfanfällen.

Hieraus ist ersichtlich, dass die Phototherapie aufgrund ihres günstigeren Risikoprofils für die präventive Behandlung von SAD-Patienten, die Angst vor medikamentösen Nebenwirkungen haben oder aufgrund der o.g. Kontraindikationen nicht mediziert werden dürfen, eine durchaus vielversprechende Bereicherung darstellt.

4.1.5 Fazit / Beurteilung des Umsetzungspotenzials

Zusammenfassend lässt sich somit unter Berücksichtigung der aktuellen Datenlage feststellen, dass eine flächendeckende häusliche Phototherapie als rückfallpräventive Maßnahme gegen die SAD ein durchaus gutes Umsetzungspotenzial aufweist. Dies liegt nicht nur in der hohen Prävalenz und der gesundheitsökonomischen Relevanz der SAD, sondern auch in dem günstigeren Nebenwirkungsprofil sowie der günstigeren Kosten-Wirksamkeits-Relation der rückfallpräventiven Phototherapie gegenüber der Medikation, wobei letztere mit Vorsicht zu betrachten ist, zumal sie lediglich auf einer modelhaften Vereinfachung der bestehenden spärlichen Datenlage, aber nicht auf einer Kosten-Wirksamkeits-Studie basiert, in der beide Maßnahmen einem direkten Vergleich unterzogen werden.

4.2 Strukturierter Stufenplan für eine mögliche Implementierung

In diesem Abschnitt soll versucht werden, einen strukturierten Stufenplan für eine mögliche Implementierung einer flächendeckenden häuslichen Phototherapie als rückfallpräventive Maßnahme bei SAD-Patienten zu entwerfen. Hierzu wird auf das 4-Phasen-Modell aus dem PM (Projektmanagement) sowie auf den PDCA-Zyklus (Plan, Do, Check, Act) aus dem QM (Qualitätsmanagement) zurückgegriffen[26-28] und eine modifizierte Mischform konzipiert. Mit dieser Methodik wird der Implementierungsplan in vier Bereiche unterteilt und durchgeführt. Die einzelnen Phasen sind in Abbildung 2 dargestellt und werden anschließend kurz erklärt.

Abb. 2
Stufenplan zur Implementierung einer häuslichen Phototherapie
(Eigene Darstellung)

Phase 1 Planung	Phase 2 Vorbereitung & Koordination	Phase 3 Umsetzung	Phase 4 Evaluierung
1 Monat	3 Monate	6 Monate	2 Monate

Phase 1 (1 Monat): In dieser Phase soll der Prozess sorgfältig geplant werden. Hierzu gehört auch die Auswahl des Herstellers und des geeigneten Produktes sowie die Ermittlung des Personal- und Kapitalbedarfs (siehe auch Punkt 4.3).

Phase 2 (3 Monate): Anschließend soll das passende Personal rekrutiert werden, welchem dann durch Schulungen vertiefte Kenntnisse über die Materie vermittelt werden soll, sodass dieses schnellstmöglich imstande ist, Kunden (Patienten und Ärzte) über die zu implementierende Präventionsmaßnahme zu beraten und Online-Evaluierungen durchzuführen.

Phase 3 (6 Monate): In dieser Phase soll das geschulte Personal gezielt eingesetzt werden, um die Zielgruppen über das neue Präventionsangebot aufzuklären. Aus Datenschutzgründen wäre es zwar nicht legitim, Kontaktdaten der an SAD erkrankten Patienten zu erfragen. Aus Sicht eines GKV-Kostenträgers würde es jedoch Sinn ergeben, alle Psychiater und Hausärzte in der Umgebung telefonisch und postalisch zu informieren, dass Phototherapielampen, die SAD-Patienten zur Rückfallprävention postkurativ rezeptiert werden, ab jetzt erstattungsfähig sind.

Phase 4 (2 Monate): In dieser Phase sollen alle Psychiater und Hausärzte in der Umgebung zum Zwecke einer Online-Befragung erneut kontaktiert werden, um zu evaluieren, ob sie mit dem neuen Präventionsangebot zufrieden sind und wo sie Verbesserungspotenziale sehen. Abschließend sollen aus den Evaluationsergebnissen und den bisherigen Erfahrungen Standards für das künftige Vorgehen abgeleitet werden.

4.3 Investitionsrechnung aus Sicht eines GKV-Kostenträgers

Im Folgenden soll unter Berücksichtigung der Kosten- und Nutzenaspekte eine hypothetische Modellrechnung aus Sicht eines GKV-Trägers erstellt werden. Als Modell-Kostenträger soll die AOK Baden-Württemberg in Freiburg fungieren, bei der insgesamt mehr als 63.600 Menschen, also rund ein Drittel der Freiburger Bevölkerung, versichert sind[29].

Die Häufigkeit aller Depressionsformen in der Allgemeinbevölkerung wird in einem Zeitfenster von 12 Monaten auf 10% geschätzt[30-35] und ca. 10% der Depressiven in Deutschland sind SAD-Patienten[11]. Geht man von einem bundesweit relativ gleichmäßigen Verteilungsmuster der Betroffenen aus, kann postuliert werden, dass die Anzahl der AOK-Versicherten in Freiburg, die in einem Zeitraum von 12 Monaten an einer SAD erkrankt sind, bei 636 liegt (63.600*10%*10% = 636).

Um all diesen 636 Patienten die Indikation einer Phototherapie-basierten Rückfallprophylaxe kundzutun, müssten 636 ärztliche Psychoedukationsgespräche angeboten werden. Hierfür wäre die Gebührenordnungsposition (GOP) mit der Nummer 35110 (Verbale Intervention bei psychosomatischen Krankheitszuständen: 16,70 Euro) am besten geeignet[36,37].

Zwei studentische Hilfskräfte mit guten Statistikkenntnissen (Medizinstudenten) könnten 1 Jahr lang auf 400 Euro Basis in der Service-Hotline der AOK Freiburg beschäftigt werden, um alle 116 Fachärzte für Psychiatrie und Psychotherapie[38] sowie 210 Hausärzte[39] im Raum Freiburg postalisch und telefonisch über die Erstattungsfähigkeit der fachärztlich zum Zwecke der Rückfallprävention verordneten Phototherapielampen zu informieren. Auch die o.g. Online-Befragung zur Erfolgsevaluation könnten diese Hilfskräfte übernehmen.

Zur Personalschulung könnte ein Facharzt für Psychiatrie und Psychotherapie als Dozent beauftragt werden, um den rekrutierten studentischen Hilfskräften im Rahmen eines 10stündigen Intensivkurses Kenntnisse über die SAD und Phototherapie zu vermitteln. Als Berechnungsgrundlage könnte hier ein vergleichbarer Stundenlohn einer gleichwertigen ärztlichen Tätigkeit herangezogen werden, z.B. 100 Euro (brutto) Vergütung bei der ärztlichen Gutachtenerstellung[40,41]. Als Kursmaterialien können strukturierte Manuals verwendet werden. Hierfür wären Anschaffungskosten in Höhe von 50 Euro zu veranschlagen.

In epidemiologischen Untersuchungen wurden bei depressiv diagnostizierten Patienten direkte Kosten (ambulante, stationäre und rehabilitative Behandlungskosten) von 3.600 und indirekte Kosten von rund 2000 Euro pro

Patient und Episode ermittelt[42-44]. Auch Untersuchungen auf der Basis von Krankenkassendaten untermauern diese Ergebnisse[42-45]. Bei insgesamt 636 potenziellen SAD-Patienten würden sich also die Gesamtkosten auf 636*5.600 Euro = 3.561.600 Euro pro Episode belaufen, sofern diese aufgrund fehlender Prophylaxe Rezidive entwickeln sollten.

Im folgenden Szenario soll erst der optimalste Fall simuliert werden. Hier wird davon ausgegangen, dass bei allen Patienten die richtige Diagnose gestellt, nach der erfolgreichen kurativen Behandlung eine Phototherapie-basierte Präventionsmaßnahme ergriffen wird und so erwartungsgemäß 25% aller Rezidive verhindert werden können. Folgende Modellrechnung kann nun nach diesem Szenario erstellt werden:

- Anschaffungskosten für Therapiegeräte: 636 * 100 Euro = 63.600 Euro
- Personalkosten: 12 Monate * 400 Euro * 2 Personen = 9.600 Euro
- Schulungskosten: 10h * 100 Euro = 1.000 Euro
- Anschaffungskosten für Schulungsmaterial = 50 Euro
- Portokosten bei 326 Adressaten ≈ 450 Euro
- Vertragsärztliche Leistungen: 636 * 16,70 Euro ≈ 10.621 Euro

So müsste die AOK Freiburg, wie der Abbidlung 3 zu entnehmen ist, theoretisch eine initiale Investition in Höhe von **85.321 Euro** tätigen, um jährliche Kosten von **890.400 Euro** (3.561.600 Euro*25%) einzusparen, die entstanden wären, wenn keine Rückfallprophylaxe erfolgt wäre.

Abb. 3
Kosten-Nutzen-Analyse der Phototherapie-basierten SAD-Rückfallprävention bei AOK-Versicherten in Freiburg (Eigene Darstellung)

Investitionskosten		Einsparungen	Gewinn (Nutzen)
Geräte:	63.600 Euro		
Personal:	9.600 Euro		
Schulung:	1.050 Euro	**890.400 Euro**	**805.079 Euro**
Porto:	450 Euro		
Ärztliche Leistungen:	10.621 Euro		
Gesamtkosten:	**85.321 Euro**		

Aktuellen Studien zufolge werden aber lediglich 50% der Depressionen richtig diagnostiziert[46,47] und zudem ist es sehr unwahrscheinlich, dass bei jeder richtig diagnostizierten SAD ärztlich ein Phototherapiegerät rezeptiert wird. Ein realitätsnäher modelliertes Szenario würde daher sicherlich niedrigere Investitionskosten und somit niedrigere Einsparungen erbringen. Dennoch wäre nicht zuletzt in Anbetracht der zu erwartenden Senkung der Rezidivrate, wodurch kostenträchtigen kurativen und rehabilitativen Behandlungsmaßnahmen erheblich entgegengewirkt werden könnte, jedenfalls eine signifikante Reduktion der Behandlungskosten zu erwarten.

5. Diskussion und Schlussfolgerung

Die durch den demographischen Wandel ausgelöste Kostenexplosion im deutschen Gesundheitswesen führt zu einem Umdenken in der Gesundheitspolitik. Die Prävention von weit verbreiteten Krankheiten ist schon lange nicht mehr nur eine gelegentliche Marketing-Maßnahme der Kassen, sondern ein erklärtes gesundheitspolitisches Ziel.

Eine der Krankheiten, die in Deutschland aus gesundheitsökonomischer Sicht Beachtung verdient, ist die saisonal abhängige Depression (SAD). Neben der hohen Prävalenz und den hieraus resultierenden hohen direkten Kosten sind auch häufige Rezidive sowie erhebliche kognitive, körperliche und soziale Funktionseinschränkungen bei den Betroffenen, die sich in den beachtlichen indirekten Kosten widerspiegeln, entscheidende Indikatoren für die gesellschaftsökonomische Relevanz dieser Erkrankung und unterstreichen den bestehenden Bedarf an einer flächendeckenden SAD-Prävention.

Derzeit gehört die vielversprechende nicht-medikamentöse SAD-Rückfallprävention im Sinne einer postkurativen Phototherapie noch nicht zum Leistungskatalog der gesetzlichen Krankenversicherung (GKV). Die Kosten für Phototherapielampen, die Betroffene zur präventiven Eigenbehandlung kaufen, werden von der GKV in der Regel nicht erstattet, obgleich die Implementierung einer flächendeckenden häuslichen Phototherapie-basierten SAD-Rückfallprävention für die GKV mit deutlich weniger Kosten verbunden wäre als die Behandlung der aufgrund der versäumten Prävention neuaufgetretenen SAD-Episoden. Obendrein scheint die Phototherapie gegenüber der alternativen medikamentösen Rückfallprophylaxe mit Bupropion eine deutlich günstigere Nutzen-Risiko-Relation aufzuweisen. Auch in Bezug auf die Kosten-Wirksamkeits-Relation kann angenommen werden, dass die Phototherapie-basierte Rückfallprophylaxe der Medikation mit Bupropion überlegen ist, wobei diese Annahme in Ermangelung statistisch verwertbarer Daten durch eine simplifizierte Simulation von möglichen Szenarien modellhaft generiert wurde und nicht auf einer Kosten-Wirksamkeits-Studie basiert, in der beide Maßnahmen durch einen direkten Vergleich einander gegenübergestellt werden. Als weiterer Limitationsfaktor kommt hinzu, dass sich diese narrative Übersichtarbeit ausschließlich auf publizierte Studien stützt und damit Gefahr läuft, den Effekt der Phototherapie zu überschätzen, zumal Studien mit positiven und signifikanten Ergebnissen aufgrund einer selektiven Publikationspraxis eine größere Chance haben, publiziert zu werden, als Studien mit negativen und nicht-signifikanten Resultaten (Publikationsbias) [48,49].

Trotz dieser Limitationen kann aus Sicht eines GKV-Kostenträgers in Zusammenschau aller Risiko- und Rentabilitätsgesichtspunkte geschlussfolgert werden, dass die flächendeckende Implementierung einer häuslichen Phototherapie bei SAD-Patienten nicht nur eine erfolgversprechende rückfallprophylaktische Maßnahme mit gutem Umsetzungspotenzial, sondern auch eine durchaus gewinnträchtige Investitionsmaßnahme darzustellen vermag.

6. Abkürzungsverzeichnis

Abb.: Abbildung

AOK: Allgemeine Ortskrankenkasse

bzw.: beziehungsweise

CE: Conseil de l'Europe

GKV: Gesetzliche Krankenversicherung

GOP: Gebührenordnungsposition

IQWiG: Institut für Qualität und Wirtschaftlichkeit im Gesundheitswesen

o.g.: oben genannt

PDCA: Plan, Do, Check, Act

PM: Projektmanagement

QALY: Qualitätsadjustierte Lebensjahre

QM: Qualitätsmanagement

SAD: Saisonal abhängige Depression

7. Literaturverzeichnis

1. Steinhaußen, J. (2018). Gesundheitsförderung und Krankheitsprävention. Alternde Gesellschaften gerecht gestalten: Stichwörter für die partizipative Praxis, 143.

2. Tautz, A. (2016). Betriebliches Gesundheitsmanagement: Bedeutung von Primär-/Sekundär-/Tertiärprävention. Prävention und Gesundheitsförderung an der Schnittstelle zwischen kurativer Medizin und Arbeitsmedizin. Landsberg am Lech, 23-28.

3. Pjrek, E., Friedrich, M. E., Cambioli, L., Dold, M., Jäger, F., Komorowski, A., ... & Winkler, D. (2020). The Efficacy of Light Therapy in the Treatment of Seasonal Affective Disorder: A Meta-Analysis of Randomized Controlled Trials. Psychotherapy and Psychosomatics, 89(1), 17-24.

4. Lee, T. M. C., & Chan, C. C. H. (1999). Dose-response relationship of phototherapy for seasonal affective disorder: a meta-analysis. Acta Psychiatrica Scandinavica, 99(5), 315-323.

5. Lam, R. W., McIntosh, D., Wang, J., Enns, M. W., Kolivakis, T., Michalak, E. E., ... & Milev, R. V. (2016). Canadian Network for Mood and Anxiety Treatments (CANMAT) 2016 clinical guidelines for the management of adults with major depressive disorder: section 1. Disease burden and principles of care. The Canadian Journal of Psychiatry, 61(9), 510-523.

6. Kasper, S. (2017). Lichttherapie. In Psychiatrie, Psychosomatik, Psychotherapie (pp. 895-901). Springer, Berlin, Heidelberg.

7. Schneider, F., Härter, M., & Schorr, S. (Eds.). (2017). S3-Leitlinie/Nationale VersorgungsLeitlinie Unipolare Depression. (pp. 149-150). Springer-Verlag.

8.https://www.gesetzlichekrankenkassen.de/leistungsvergleich/naturheilverfahr en/457/%C3%9Cbernahme+von+Lichttherapie (Lezter Zugriff am 28.01.2020).

9.https://www.lichterland.net/tageslichtlampe/krankenkasse-depression/(Letzter Zugriff am 28.01.2020).

10.https://frl.publisso.de/resource/frl:3196454-1/data (Letzter Zugriff am 28.01.2020).

11. Kasper, S., & Möller, H. J. (Eds.). (2011). Herbst-/Winterdepression und Lichttherapie (pp. 29-30).Springer-Verlag.

12. Nussbaumer-Streit, B., Winkler, D., Spies, M., Kasper, S., & Pjrek, E. (2017). Prevention of seasonal affective disorder in daily clinical practice: results of a survey in German-speaking countries. BMC psychiatry, 17(1), 247.

13.https://www.gkv-spitzenverband.de/krankenversicherung/kv_grundprinzipien/alle_gesetzlichen_krankenkassen/alle_gesetzlichen_krankenkassen.jsp (Letzter Zugriff am 28.01.2020).

14. Günther, O. H., Friemel, S., Bernert, S., Matschinger, H., Angermeyer, M. C., & König, H. H. (2007). Die Krankheitslast von depressiven Erkrankungen in Deutschland. Psychiatrische Praxis, 34(06), 292-301.

15. Laux, G. (2017). Depressive Störungen. In Psychiatrie, Psychosomatik, Psychotherapie (pp. 1711-1817). Springer, Berlin, Heidelberg.

16. http://www.rwi-essen.de/media/content/pages/publikationen/sonstige/Allianz-Report-Depression.pdf (Letzter Zugriff am 29.01.2020).

17. Stahmeyer, J. T., Gensichen, J., Walelu, O. A., Petersen, J. J., Gerlach, F. M., & Krauth, C. (2011). Krankheitskosten von Depressionen–nicht nur die Patienten leiden!. Das Gesundheitswesen, 73(08/09), A319.

18. Gartlehner, G., Nussbaumer-Streit, B., Gaynes, B. N., Forneris, C. A., Morgan, L. C., Greenblatt, A., ... & Winkler, D. (2019). Second-generation antidepressants for preventing seasonal affective disorder in adults. Cochrane Database of Systematic Reviews, (3).

19. Roecklein, K. A., Rohan, K. J., & Postolache, T. T. (2010). Is seasonal affective disorder a bipolar variant?. Current psychiatry, 9(2), 42.

20. HEXAL, A. (2017). U. Schwabe, D. Paffrath, W.-D. Ludwig, J. Klauber (Hrsg.), Arzneiverordnungs-Report 2017. Arzneiverordnungs-Report 2017, 843.

21. Sroczynski, G., Lhachimi, S., Esteban, E., Danner, M., Sandmann, F., Stürzlinger, H., ... & Siebert, U. (2013). Die 1. Kosten-Nutzen-Bewertung des IQWiG–Ergebnisse und Methodische Aspekte am Beispiel der Antidepressiva Bewertung. Das Gesundheitswesen, 75(08/09), A53.

22. https://www.tageslichtlampe.com/lichttherapielampen/?price_max=250 (Letzter Zugriff am 31.01.2020).

23. Wirz-Justice, A. N. N. A., & Schröder, C. M. (2010). Chronobiologie und Lichttherapie. Chronobiologie: Zeitordnung von Lebensvorgängen. Bern: Peter Lang Verlag, 16, 105-123.

24. Lenz, F., Bauer, M., & Ritter, P. (2018). Nebenwirkungen der neuen Antidepressiva. Fortschritte der Neurologie· Psychiatrie, 86(09), 592-603.

25. Regen, F., & Benkert, O. (2017). Praxis der Monotherapie mit Antidepressiva in der Behandlung der unipolaren Depression. In Therapie der Depression (pp. 159-185). Springer, Berlin, Heidelberg.

26. Wischnewski, E. (2002). Projektmanagement als Philosophie. In Kooperatives Projektmanagement (pp. 11-56). Gabler Verlag.

27. Bertagnolli, F. (2018). Kontinuierliche Verbesserung. In Lean Management (pp. 151-163). Springer Gabler, Wiesbaden.

28. Löffler, E. (2019). Qualitätsmanagement. In Handbuch zur Verwaltungsreform (pp. 359-370). Springer VS, Wiesbaden.

29.https://www.aok.de/pk/bw/region/freiburg-im-breisgau/ (Letzter Zugriff am 31.01.2020).

30. Härter, M., Klesse, C., Bermejo, I., Schneider, F., & Berger, M. (2010). Unipolare Depression: Empfehlungen zur Diagnostik und Therapie aus der aktuellen S3-und Nationalen VersorgungsLeitlinie „Unipolare Depression ". Dtsch Arztebl Int, 107(40), 700-8.

31. Busch, M. A., Maske, U. E., Ryl, L., Schlack, R., & Hapke, U. (2013). Prävalenz von depressiver Symptomatik und diagnostizierter Depression bei Erwachsenen in Deutschland. Bundesgesundheitsblatt-Gesundheitsforschung-Gesundheitsschutz, 56(5-6), 733-739.

32. Bermejo, I., Klärs, G., Böhm, K., Hundertmark-Mayser, J., Lampert, T., Maschewsky-Schneider, U., ... & Härter, M. (2009). Evaluation des nationalen Gesundheitsziels „Depressive Erkrankungen: verhindern, früh erkennen, nachhaltig behandeln ". Bundesgesundheitsblatt-Gesundheitsforschung-Gesundheitsschutz, 52(10), 897-904.

33. Jacobi, F., Klose, M., & Wittchen, H. U. (2004). Psychische Störungen in der deutschen Allgemeinbevölkerung: Inanspruchnahme von Gesundheitsleistungen und Ausfalltage. Bundesgesundheitsblatt-Gesundheitsforschung-Gesundheitsschutz, 47(8), 736-744.

34. Wittchen, H. U., & Jacobi, F. (2001). Die Versorgungssituation psychischer Störungen in Deutschland eine klinisch-epidemiologische Abschätzung anhand des Bundes-Gesundheitssurveys 1998. Bundesgesundheitsblatt-Gesundheitsforschung-Gesundheitsschutz, 44(10), 993-1000.

35. Wittchen, H. U., Jacobi, F., Rehm, J., Gustavsson, A., Svensson, M., Jönsson, B., ... & Fratiglioni, L. (2011). The size and burden of mental disorders and other disorders of the brain in Europe 2010. European neuropsychopharmacology, 21(9), 655-679.

36. Ullmann, A., & Busch, D. (2016). Grundsätze der Vergütung. In Ärztliche Großpraxis (pp. 31-54). Springer, Berlin, Heidelberg.

37.https://www.kbv.de/tools/ebm/html/35110_2904031908126571814208.html (Letzter Zugriff am 01.02.2020)

38.https://www.sanego.de/Arzt/Baden-Württemberg/278-Freiburg/Psychiatrie+u.+Psychotherapie/ (Letzter Zugriff am 01.02.2020)

39.https://www.sanego.de/Arzt/Baden-Württemberg/278-Freiburg/Hausarzt/ (Letzter Zugriff am 01.02.2020)

40. Holst, L. S. (2010). Vergütung ärztlicher Sachverständiger nach JVEG. Medizinrecht, 28(7), 522-524.

41.https://dejure.org/gesetze/JVEG/9.html (Letzter Zugriff am 31.01.2020).

42. Gandjour, A., Telzerow, A., Lauterbach, K. W., & INTERCARE International Investigators. (2004). Costs and quality in the treatment of acute

depression in primary care: a comparison between England, Germany and Switzerland. International clinical psychopharmacology, 19(4), 201-208.

43. König, H. H., Luppa, M., & Riedel-Heller, S. (2010). Die Kosten der Depression und die Wirtschaftlichkeit ihrer Behandlung. Psychiatrische Praxis, 37(05), 213-215.

44. Friemel, S., Bernert, S., Angermeyer, M. C., & König, H. H. (2005). Die direkten Kosten von depressiven Erkrankungen in Deutschland. Psychiatrische Praxis, 32(03), 113-121.

45. Stamm, K., & Salize, H. J. (2006). Volkswirtschaftliche Konsequenzen. In Volkskrankheit Depression? (pp. 109-120). Springer, Berlin, Heidelberg.

46. Bermejo, I., Kratz, S., Schneider, F., Gaebel, W., Mulert, C., Hegerl, U., ... & Härter, M. (2003). Agreement in physicians' and patients' assessment of depressive disorders. Zeitschrift fur arztliche Fortbildung und Qualitatssicherung, 97, 44-49.

47. Löwe, B., Spitzer, R. L., Gräfe, K., Kroenke, K., Quenter, A., Zipfel, S., ... & Herzog, W. (2004). Comparative validity of three screening questionnaires for DSM-IV depressive disorders and physicians' diagnoses. Journal of affective disorders, 78(2), 131-140.

48. Schott, G., Pachl, H., & Ludwig, W. D. (2010). Publikationsbias in Abhängigkeit von der Art der Finanzierung bei klinischen Studien. Zeitschrift für Evidenz, Fortbildung und Qualität im Gesundheitswesen, 104(4), 314-322.

49. Kopp, I. B. (2011). Implikationen des Publikationsbias für die Erstellung und Bewertung von Leitlinien. Zeitschrift für Evidenz, Fortbildung und Qualität im Gesundheitswesen, 105(3), 201-206.